AF602909

A LA MÉMOIRE

DE

ÉDOUARD DELEBECQUE

INGÉNIEUR CHEF DU MATÉRIEL ET DE LA TRACTION
DU CHEMIN DE FER DU NORD.

IMPRIMÉ PAR L. DANEL, A LILLE.

M DCCC LXXXVIII.

A LA MÉMOIRE

DE

ÉDOUARD DELEBECQUE

A. Chrétiennot, phot. — 28, avenue de Clichy, Paris.

A LA MÉMOIRE

DE

ÉDOUARD DELEBECQUE

INGÉNIEUR CHEF DU MATÉRIEL ET DE LA TRACTION
DU CHEMIN DE FER DU NORD.

IMPRIMÉ PAR L. DANEL, A LILLE.

—

M DCCC LXXXVIII.

Le 5 septembre 1888, à 3 h. 10 du soir, M. Edouard Delebecque, Ingénieur chef du Matériel et de la Traction de la Compagnie du Chemin de fer du Nord, se rendant de son bureau, situé aux Ateliers de La Chapelle, au petit quai de Nord-Ceinture, était frappé au flanc droit par la traverse d'avant de la locomotive d'un train venant de Paris.

Les suites de ce grave accident furent fatales, et M. Edouard Delebecque expira le 6 septembre, à 11 h. 1/2 du soir, après les plus vives souffrances supportées avec le plus grand courage.

Cette fin si inattendue d'une carrière vouée au travail fut pour tout le personnel de la Compagnie un coup terrible, et ses sentiments se manifestèrent par les preuves les plus éclatantes d'une douleur générale et d'unanimes regrets.

Les funérailles de M. Edouard Delebecque, célébrées le lundi 10 septembre, à midi, ont été empreintes d'un caractère à la fois des plus touchants et des plus imposants. Une foule énorme, composée en grande partie des ouvriers et des employés de la Compagnie, et particulièrement de la 2e Division qu'il dirigeait, a voulu accompagner jusqu'au champ de l'éternel repos les restes mortels de ce chef aimé et respecté de tous. Sur tous les visages se lisait une tristesse sans ostentation, qui conservait à cette cérémonie officielle un caractère d'intimité profondément sincère.

M. le Ministre des Travaux publics avait voulu témoigner des sentiments que lui inspirait la perte cruelle que venait de faire la Compagnie du Nord, en chargeant M. Lax, Directeur général des Chemins de fer, de le représenter aux obsèques.

A la tête du personnel marchaient le Président et les Membres du Conseil d'Administration de la Compagnie. Les autres Compagnies s'étaient également fait largement représenter ainsi que la Société houillère de Liévin. Le cortège comprenait nombre de députations venues de tous les points de la ligne avec des couronnes funéraires, dernier hommage offert par le personnel à la mémoire du défunt.

Sur sa tombe, plusieurs discours ont été prononcés, relatant les phases de cette existence si bien remplie et les mérites de l'Ingénieur tué au champ d'honneur.

La Compagnie du Chemin de fer du Nord a voulu que le souvenir des suprêmes honneurs rendus à l'un de ses fonctionnaires les plus estimés ne pérît pas et qu'il servît d'exemple à ceux qui pleurent aujourd'hui sa mort. Elle a réuni, dans ce petit livre, les paroles successivement prononcées par :

M. le baron Alphonse de Rothschild, Président du Conseil d'Administration de la Compagnie du Chemin de fer du Nord;

M. Ferdinand Mathias, Ingénieur principal de la Traction ;

M. Polonceau, Ingénieur en chef du Matériel et de la Traction de la Compagnie du Chemin de fer de Paris-Orléans ;

M. Du Temple, Vice-Président de la Société houillère de Liévin ;

Et M. Banderali, Ingénieur chargé du Service central du Matériel et de la Traction au Chemin de fer du Nord.

M. le Baron A. de Rothschild, Président du Conseil d'administration de la Compagnie du Chemin de fer du Nord, a pris le premier la parole en ces termes :

Messieurs,

Le deuil que nous menons aujourd'hui est, pour la Compagnie du chemin de fer du Nord tout entière, un deuil profond. Le cruel événement si soudain, si imprévu, dont un de nos Agents les plus estimés a été la victime est ressenti par chacun de nous avec une égale douleur, et c'est avec une tristesse inexprimable dans le cœur, que nous accompagnons à sa dernière demeure, Monsieur Edouard Delebecque, Ingénieur en Chef du Matériel et de la Traction, et, je puis ajouter, notre ami à tous.

Mardi dernier, il était encore au Comité, discutant avec nous des questions graves, importantes pour la Compagnie du Chemin de fer du Nord. — Mercredi, un accident fatal, que nous ne saurons jamais assez déplorer, est venu mettre un terme à sa vie, toute de travail et d'honneur.

Il était fils de notre ancien et regretté Vice-Président. Comme lui, il a rendu à la Compagnie du Chemin de fer du Nord des services que nous n'oublierons jamais. Tenu en grande estime par le Corps des Ingénieurs dont il faisait partie, sa modestie égalait son mérite ; et nous, qui l'avons vu de près à l'œuvre, nous avons pu apprécier les rares et puissantes qualités de son intelligence. Aussi infatigable et dur à la peine que doux, affable, sympathique dans ses relations personnelles, il était resté fidèle aux vieilles et saines traditions ; mais, son esprit, toujours ouvert, était loin d'être rebelle au progrès. Il accueillait, au contraire, les idées nouvelles ; et sans parti pris, sans faux amour-propre, après un examen sérieux et approfondi, il ne craignait pas de s'approprier ce que ces idées pouvaient comporter de vraiment utile et de pratique.

Il avait été placé très jeune encore à la tête d'un de nos services les plus importants, les plus délicats, qui exige le plus de tact dans les rapports avec un personnel nombreux, dont il faut savoir se faire aimer pour se faire obéir; et, avec cette simplicité qui était le fond de sa nature droite et honnête, il s'est toujours maintenu à la hauteur des circonstances, quelque difficiles qu'elles pussent être, justifiant ainsi pleinement la confiance dont il avait reçu une preuve si éclatante.

Il a été enlevé, Messieurs, dans la force de l'âge,

dans la plénitude de ses facultés, alors que l'expérience qu'il avait acquise nous rendait sa collaboration encore plus précieuse.

Vaillant soldat du travail, il est tombé comme sur le champ de bataille. Dévoué serviteur de la Compagnie du Chemin de fer du Nord, il emporte avec lui dans la tombe nos sentiments d'estime, de reconnaissance, nos regrets unanimes!

Puisse ce témoignage être pour les siens une faible consolation dans leur douleur, et que son âme repose en paix! Amen!

M. Ferdinand Mathias, Ingénieur principal de la Traction de la Compagnie du Chemin de fer du Nord :

Messieurs,

C'est au doyen des fonctionnaires de la Division du Matériel et de la Traction que revient le triste honneur d'être l'interprète de la vive douleur qui oppresse le cœur de tous les agents du service rassemblés autour de cette tombe, et de rappeler aux nombreux amis qui nous ont accompagnés jusqu'ici, la carrière et les hautes qualités de notre Ingénieur en Chef.

Certes, la séparation par la mort ne se fait jamais sans un cruel déchirement : cependant lorsqu'elle arrive à la fin d'une longue carrière, ou après une maladie contre laquelle on a longtemps lutté, elle s'impose comme une loi inexorable de la nature, et les angoisses de l'attente sont presque une préparation au suprême adieu. Mais la douleur s'exaspère et l'âme s'insurge, pour ainsi dire, contre la fatalité, lorsque le plus lamentable des accidents vient anéantir une existence, qui, dans le cours ordinaire des choses, avait droit à de nombreuses années d'une vie active et féconde. Un pas de moins à droite sur un chemin fréquemment parcouru par nous, et M. Delebecque passait, sans aucun doute, de longs jours encore à la tête de sa division, au milieu de ses enfants et de ses amis.

Aussi, la consternation fut-elle générale à la première nouvelle de ce terrible événement. Les espérances d'une guérison, conçues d'abord, s'affaiblirent dans la soirée, malgré les soins ininterrompus et dévoués des Docteurs Périer et Worms, deux sommités de la science médicale, et dans la nuit du lendemain, une hémorrhagie interne mit fin à trente-deux heures de souffrances atroces, virilement supportées.

La carrière de M. Delebecque a été vouée tout entière à la science et au travail, et ce ne furent pas les exigences impérieuses de la lutte pour l'existence qui le poussèrent sur cette voie où l'on ne se repose jamais. Il était fils unique de M. Germain Delebecque, le premier Vice-Président du Conseil, qui, avec une haute compétence, a aidé le Baron James de Rothschild, le puissant fondateur de notre Compagnie, à créer une organisation à laquelle elle doit une grande part de sa prospérité.

M. Edouard Delebecque entrait donc dans la vie par une belle et large porte; il pouvait se mettre à la recherche des plaisirs et ne faire de la science qu'à ses heures, pour varier ses distractions. Son caractère se refusait à ce partage, et, comme au régiment l'engagé volontaire, il s'est enrôlé, par amour du travail, dans les rangs des Ingénieurs de la Compagnie du Nord et y a parcouru tous les grades pour arriver à la tête de sa Division.

Empêché par une grave et longue maladie de se préparer à l'Ecole polytechnique, M. Delebecque se fait recevoir à l'Ecole des Mines, en sort après de brillants examens, en 1856, à l'âge de 21 ans, et débute comme Inspecteur du Matériel aux appointements de 1,800 fr.

Deux ans après, il est nommé Ingénieur des services de la ligne d'Hautmont à Mons, à laquelle il reste attaché pendant dix ans.

En 1868, il passe Ingénieur de l'atelier central de La Chapelle, et y introduit d'importants perfectionnements.

Il n'y était que depuis deux ans, lorsque l'investissement de Paris isole de leur réseau les têtes de lignes des chemins de fer, et paralyse le travail de réparation dans les ateliers.

Ce fut alors dans toute l'industrie parisienne, mais surtout dans le génie civil, un magnifique élan de patriotisme et de lutte, et les ateliers des Compagnies eurent une part prépondérante dans la création de moyens de défense ou d'approvisionnement.

M. Delebecque se mit à l'œuvre avec une infatigable énergie, vaillamment secondé par son personnel. On inventa, on exécuta très rapidement un outillage spécial considérable, et, dans les délais fixés par le Gouvernement, 30 canons rayés, 174 affûts ou avant-trains sortirent de l'atelier central de La Chapelle; en même temps, on y avait réparé 4,000 fusils, et 28 paires de meules, actionnées par deux locomotives, étaient mises en marche pour la mouture des grains.

La croix de la Légion d'honneur fut la juste récompense d'un si merveilleux effet de l'intelligence et de l'activité d'un Ingénieur.

Les portes de Paris venaient de s'ouvrir lorsque M. Jules Petiet, Ingénieur en Chef de l'Exploitation et du Matériel, succomba à la maladie qui le minait depuis quelque temps. En 1845, il avait créé de toutes pièces les cadres du personnel et les règlements de l'Exploitation, toute l'organisation des trains et des gares. Un peu plus tard, le Comité de Direction lui avait confié encore le service du Matériel et de la Traction. Après la mort de cet homme de haute valeur, deux Ingénieurs se partagèrent sa succession et M. Delebecque devint Ingénieur Chef de la 2e Division.

Je ne saurais énumérer les travaux entrepris, les succès remportés par lui pendant la période de 18 ans qui s'est écoulée depuis.

Qu'il me soit seulement permis de dire qu'il n'est resté étranger à rien de ce qui pouvait produire une amélioration sérieuse; les 2/3 de nos machines ont été construites sous sa direction et les types qu'il a créés ou perfectionnés sont les meilleurs aujourd'hui.

Il a su satisfaire aux besoins si rapidement croissants d'accélération de vitesse et d'augmentation de charge des trains, et tout récemment, par d'heureuses modifications d'un matériel existant peu utilisé, il a permis de mettre en circulation, dans le plus court délai possible, les trains légers et tramways qui, heureusement adaptés par nos Ingénieurs de l'Exploitation au réseau du Nord, constituent un mode de transport simple et proportionné au trafic.

C'est notre regretté Ingénieur en Chef qui le premier en France, a fait une application étendue d'un système de frein continu, et qui, de bonne heure, a substitué l'acier au fer pour les essieux et les bandages de roues.

Secondé par son beau-frère, M. Edouard Sauvage, l'excellent Ingénieur des Ateliers de La Chapelle et d'Hellemmes, il a créé à Paris une Ecole d'apprentis pour les fils de nos mécaniciens, chauffeurs et ouvriers. Patronnée par notre Comité de Direction, elle a donné de très beaux résultats, et 40 à 50 jeunes gens en sortent tous les ans, rompus aux travaux intellectuels et manuels.

En 1883, M. Delebecque fut nommé membre du Comité d'Exploitation technique des Chemins de fer, et il y était assidu et écouté.

Enfin, en dehors de ses fonctions, il avait succédé, en 1875, à son père à la Présidence du Conseil d'Administration du Charbonnage de Liévin. Malgré l'étendue relativement faible de cette concession, le nouveau Président a amené sa Société dans les premiers rangs parmi celles du Pas-de-Calais. L'extraction, depuis 12 ans, a presque triplé, et les installations mécaniques, les établissements scolaires, l'organisation des Sociétés de secours et de retraites, des services médicaux et autres, font des Mines de Liévin un modèle intéressant à étudier.

Telle est l'esquisse de la carrière d'Ingénieur de M. Delebecque. Mais quelque brillante qu'elle ait été, on n'apprécierait pas l'homme à sa vraie valeur, si l'on ne connaissait pas ses qualités morales.

Dès le premier abord, on remarquait en lui une grande simplicité d'allures et un éloignement instinctif pour la représentation et le formalisme. Mais, on ne tardait pas à découvrir, sous ces apparences modestes, un homme remarquable par la culture de son esprit, par un jugement prompt et sûr, par ses sentiments de franchise et de loyauté, et par une bienveillance innée. Ceux qui, dans son service, l'entouraient de plus près et qu'il honorait de sa confiance et de son amitié, MM. Banderali, Bricogne, Sauvage et celui qui parle en ce moment, ceux-là s'étonnaient toujours de la facilité avec laquelle, dans des questions compliquées ou difficiles, il trouvait la solution juste et indiquait les moyens de la réaliser.

Sa bienveillance pour le personnel était extrême, et malgré les rigueurs d'une discipline indispensable, je suis sûr qu'il n'a d'ennemis à aucun degré de l'échelle hiérarchique.

Pour nous, qui formions son Etat-Major, nous étions heureux de le seconder de tous nos moyens ; ses désirs étaient exécutés comme des ordres, et il faut ajouter que ses ordres étaient formulés comme des désirs.

Au nom de tous les agents de la Division que je

représente ici, je dépose au bord de cette tombe l'expression de la douleur que leur inspire la mort cruelle et subite d'un chef qu'ils ont aimé et estimé, et, par ma voix, ses chefs de service lui adressent le suprême adieu de l'amitié.

M. Poloncéau, Ingénieur en chef du Matériel et de la Traction de la Compagnie du Chemin de fer d'Orléans :

Après l'éclatant hommage que M. le baron de Rothschild vient de rendre à la mémoire de mon regretté Collègue, et l'exposé que M. Ferdinand Mathias, son dévoué collaborateur, a fait de sa carrière, il ne me reste plus qu'à apporter sur cette tombe, au nom de la Société des Ingénieurs Civils, le tribut de regrets de tous ses Membres, douloureusement frappés de cette mort si brusque et si cruelle; ils m'ont choisi, moi son camarade d'école et son collègue, pour que le témoignage de leur douleur et de leur estime fût apporté par la voix la plus émue et la plus convaincue.

Delebecque est un de ceux dont les travaux honorent les Sociétés auxquelles ils appartiennent, et dont le caractère attire toutes les sympathies : la bienveillance, l'esprit de libéralité et de justice, le calme et une patience qui n'excluait pas l'énergie, présidaient à tous ses actes ; il faisait simplement les meilleures choses, et ne voulait en tirer aucune gloire ; sa modestie était si grande que, lorsqu'il fut chargé par le Comité de Ceinture de présider la réunion des Ingénieurs en Chef du Matériel et de la Traction, il ne voulait pas s'avouer que son caractère et son mérite avaient été, à très juste raison, les causes principales de sa nomination.

Dans ces délicates fonctions, il montra les qualités précieuses de rectitude de jugement qu'il possédait à un rare degré ; il savait diriger la discussion de manière à obtenir des résultats pratiques, évitant tout froissement, et en la maintenant sur un ton de camaraderie et de bonne humeur.

Ce grand bon sens, un grand nombre parmi nous l'ont vu se manifester d'une manière frappante au Congrès de Milan. Toutes ses observations, remarques, objections, éclairaient la discussion et la remettaient sur son vrai chemin ; d'un mot, il montrait le côté faible de solutions brillantes en apparence et indiquait la voie dans laquelle il fallait s'engager pour en trouver de plus solides.

De semblables hommes sont rares; il est douloureux de les voir partir trop tôt; mais leur souvenir reste, et on aime à retracer leur vie pour servir de modèle aux jeunes.

Adieu, Delebecque, ou plutôt au revoir, car vous êtes de ceux qu'on espère retrouver un jour! Adieu, mon cher Collègue ; recevez le témoignage des profonds regrets des Membres de la Société des Ingénieurs

Civils! Adieu, mon cher camarade! Votre souvenir restera gravé dans le cœur de celui qui s'honorait d'être votre ami, et qui trouve une triste consolation à exprimer publiquement la haute estime et la haute affection qu'il vous avait vouées. Puisse votre famille trouver avec le temps un adoucissement à sa douleur dans l'unanimité des sentiments qui entourent votre mémoire, et qui seront pour vos fils un honneur et un soutien dans la carrière qu'ils ont à parcourir!

M. du Temple, Vice-Président de la Société houillère de Liévin :

Messieurs,

J'ai la douloureuse mission de prendre ici la parole comme membre du Conseil d'Administration de la Société houillère de Liévin, dont M. Edouard Delebecque était le digne et regretté Président ; d'autres voix plus autorisées et plus éloquentes que la mienne vous ont dit ce qu'était l'homme de science éminent, l'ingénieur distingué que nous accompagnons aujourd'hui jusqu'à sa dernière demeure : mon rôle, à moi, est de vous parler du Collègue que nous avons perdu et que, pour notre malheur, nous ne remplacerons pas.

M. Edouard Delebecque était des nôtres depuis 1863. A cette époque déjà lointaine, son père, M. Germain Delebecque, dont nous nous rappelons encore avec reconnaissance les signalés services, faisait partie du premier groupe de nos administrateurs.

Sentant déjà sa santé ébranlée par une longue période de travail, il demanda à l'Assemblée Générale de nos Actionnaires de lui donner un successeur; ce fut son fils qui fut choisi à l'unanimité.

Dans les derniers jours de l'année 1867, M. Edouard Delebecque devint notre Président. Il remplaçait alors le sympathique M. Charles Hary qui, chose étrange, périt comme lui accidentellement! On peut dire de la mort de ces deux hommes qu'elle surprit, autant qu'elle affligea, tous ceux qui les avaient connus et conséquemment aimés : l'un et l'autre étaient si bons, si affables, si affectueux!

Aussi, crois-je avoir accompli un devoir en unissant aujourd'hui leurs noms dans un commun souvenir.

Dès qu'il fut placé à notre tête, M. Edouard Delebecque déploya de plus en plus ses brillantes et inappréciables qualités du cœur et de l'esprit. Il s'occupa de notre entreprise avec un dévouement et une abnégation que l'on peut dire absolus. Quoique absorbé par les multiples occupations de son service à la Compagnie des Chemins de fer du Nord, il nous donna toujours, sans marchander, tout le temps qu'il pouvait, pour ainsi dire, dérober. — Avec quelle scrupuleuse exactitude il assistait à nos réunions! et quand par hasard, bien rarement et bien malgré lui, il lui arrivait d'y manquer, toujours il s'excusait en des termes tels que, plus d'une fois, il nous rendit confus parce que son mot ressemblait trop à une demande de pardon ; et alors, le dirai-je, nous regrettions son absence parce que nous étions privés de notre guide habituel, de ses conseils et de son expérience, et nous remettions à une séance ultérieure la décision à prendre sur les questions délicates que nous n'osions trancher sans avoir son avis. — Avec quelle compétence, quelle autorité et quelle sûreté de jugement il les discutait ces questions ! toujours il les envisageait au point de vue le plus large et le plus élevé, sachant faire, à l'occasion et à propos, un sacrifice parfois lourd, s'il était certain que les intérêts dont il avait la charge devaient en profiter.

Outre ce rare talent de traiter les affaires, outre sa bonté et son urbanité sans pareilles, outre toutes ces vertus que nous lui avons connues et souvent enviées, M. Edouard Delebecque en possédait une qui en rehaussait encore le mérite et que je me repentirais de ne pas faire ressortir ; je veux parler de sa modestie, lui qui eût pu, légitimement, aspirer aux honneurs, prétendre à la popularité, ambitionner les distinctions au-delà de ce que l'on peut dire, modeste sans affectation, tout naturellement, pour ainsi dire sans le savoir !...

Combien de fois nous a-t-il été utile, sans même nous prévenir de peur de nous donner la peine de le remercier ! Combien aussi a-t-il, à lui seul, vaincu de difficultés qui nous embarrassaient, tout en nous en attribuant à nous-mêmes le mérite !

Combien de personnes, enfin, a-t-il obligées discrètement ! J'en connais, pour ma part, qui n'en ont jamais rien su.

C'est, Messieurs, un tel homme, c'est un tel ami que nous avons perdu ! Ah ! c'est le cas de le dire, la

Providence frappe quelquefois des coups bien durs ; et il faut que ceux qu'elle a provisoirement épargnés fassent appel à toute leur mâle raison et à toute leur virile énergie pour ne pas céder au découragement.

C'est ce sentiment, je le confesse, qui s'est emparé de moi en apprenant la terrible nouvelle. Car si je puis dire que tous ceux qui, à un titre quelconque, dirigent ou sont attachés à la Société de Liévin, mettront encore à son service tout leur dévouement et toute leur bonne volonté, je ne puis songer sans souci de l'avenir, à celui qui n'est plus, au vide qu'il laisse parmi nous et qui, hélas ! ne sera pas de sitôt comblé !

J'ai fini, Messieurs, car je ne veux pas sortir d'un cadre que les circonstances ont, elles-mêmes, circonscrit. En me faisant devant cette bière, le bien insuffisant interprète des sentiments de mes collègues pour celui qui y est, pour toujours, enfermé, je n'ai pas voulu seulement rendre à notre cher défunt un hommage mérité ; j'ai désiré en même temps apporter à ses enfants un témoignage de la considération que nous avions tous pour leur père, et l'assurance que nous conserverons de lui, à Liévin, le plus durable et le plus pieux des souvenirs. Et maintenant, cher et vénéré Président, le moment de la séparation définitive est venu. Dormez du sommeil de ceux qui ont fait leur devoir en ce monde et qui n'y ont laissé que de bons exemples ! Reposez-vous en paix d'une longue et trop laborieuse carrière, et laissez-vous pleurer par les amis qui vous survivent !

Comme le soldat tué en faisant face à l'ennemi ; comme le matelot englouti dans les flots au fort de la tempête; comme le mineur asphyxié par l'affreux grisou au fond du puits dans lequel il vient de descendre, vous avez été atteint en pleine activité de service, vous êtes tombé sur votre champ de bataille!

Je prie Dieu qu'il vous en sache gré!

Au nom de tous vos Collègues, de nos actionnaires et de nos représentants désolés; au nom de tout le personnel de nos employés dont vous étiez le protecteur influent; au nom aussi de nos 2,200 ouvriers pour lesquels vous aviez tant de sollicitude; au nom, en un mot, de la grande famille dont vous étiez le chef, je salue respectueusement votre cercueil et je vous adresse un éternel et dernier adieu!!...

M. Banderali, Ingénieur chargé du Service central du Matériel et de la Traction au Chemin de fer du Nord :

Il me faut encore trouver le courage et la force de remplir ici un dernier devoir, en prononçant quelques paroles d'éternel adieu devant cette tombe qui va se refermer à jamais sur la dépouille mortelle de l'ami que nous pleurons. Témoin de sa vie, témoin, hélas! impuissant de sa mort terrible, je viens, au nom de ses amis personnels, au nom du Comité de l'Association amicale des anciens Elèves de l'Ecole des Mines de Paris, à laquelle sa carrière a fait tant d'honneur, je viens apporter à mon tour à sa mémoire le tribut de notre douleur.

Je me garderai de rien ajouter aux paroles si bien pensées et si bien dites qui ont rappelé les phases diverses de cette carrière déjà longue, si remplie, et pourtant si courte pour tous ceux qui approchaient et qui ont connu M. Delebecque; de cette existence vouée au travail sans relâche, au travail sans phrases, sans ostentation, sans vaines démonstrations, au labeur, en un mot, qui sied aux travailleurs sérieux, tels que nos grandes Ecoles françaises savent les former. Mais, le caractère de cette existence prématurément brisée, que ses amis ne sauraient trop revendiquer et retenir comme un précieux héritage, comme un exemple inoubliable, c'est cette inépuisable bienveillance, cette bonté que M. Delebecque témoignait à tous, petits et grands, et dont tous ont ressenti les effets. Dans ces temps troublés, où les sentiments de respect, de dévouement et d'affection semblent atténués, il avait conquis le respect et l'affection de tous; et ces sentiments, notre ami semblait ne vouloir les devoir qu'à son extrême bonté!

Croyez-en un collaborateur à même d'en bien juger! Cette voix, désormais éteinte, cette main, pour toujours glacée, n'ont jamais su refuser une demande ou repousser une prière.

Et vous, mes pauvres et chers enfants, vous que j'ai tous vus naître, et vus grandir auprès de vos parents aujourd'hui disparus, quels mots peuvent peindre nos sentiments pour vous! Tous vous entourent; tous pleurent avec vous! Gardez pieusement le souvenir de votre père, et restez, comme lui, fidèles aux traditions de votre double famille! Gardez aussi précieusement le souvenir des honneurs qu'on lui rend! C'est la récompense d'une vie utile, c'est votre héritage le plus noble et le plus pur, et votre suprême consolation!

Adieu, mon chef! Adieu, mon camarade! Adieu,

mon ami ! Ta mémoire ne nous quittera pas ! — Qu'elle nous fortifie dans les luttes de cette vie, qu'elle nous soutienne, qu'elle nous prépare !

Au nom de tes amis, au nom de tes camarades, au nom des membres de ta famille, reçois les derniers adieux du plus malheureux de tous !

DÉDICACES

DES

COURONNES FUNÉRAIRES QUI FIGURAIENT AU CORTÈGE

Conseil d'Administration du Chemin de fer du Nord.

Ingénieurs de la 2e Division. — La Chapelle.

Le personnel du Service central, — de la Comptabilité et des Bureaux de la Traction à leur regretté Ingénieur en chef.

Cie du Chemin de fer du Nord. — Cours professionnels. Regrets.

Les Inspecteurs du Matériel et de la Traction.

Le personnel du Dépôt de la Plaine. — A notre regretté Chef.

La 2e section de la Traction, à M. Delebecque, Ingénieur en Chef.

Traction. — 3e section. — Le personnel et les ouvriers du dépôt d'Amiens.

Traction. — 3e section. — Le personnel et les ouvriers des dépôts secondaires.

Dépôt de Creil. — Hommage à notre regretté Ingénieur en Chef.

Dépôt de Beauvais. — A notre Ingénieur en Chef.

Dépôt de Compiègne. — Regrets.

Les agents du dépôt d'Aulnoye à leur regretté Ingénieur en Chef, M. Ed. Delebecque.

Le personnel du dépôt de Roye à leur Ingénieur en Chef.

Les agents du dépôt d'Aulnoye à leur regretté Chef.

Les dépôts de Tergnier, Laon, Hirson à M. Ed. Delebecque.

Le personnel de la Traction de Frameries à son bien-aimé et regretté Ingénieur en chef, qui fut le 1er chef de service de la ligne de Mons à Hautmont.

L'Atelier Central du Chemin de fer du Nord à son Ingénieur en chef.

Les ouvriers de l'atelier central, — à notre Ingénieur en chef.

Ateliers des machines d'Hellemmes-Lille.

Ateliers des machines. — Economat de Tergnier. — A notre regretté Chef.

Service du matériel roulant.

Ateliers du matériel roulant de La Chapelle. — Regrets et reconnaissance.

Les employés du bureau du matériel roulant de La Chapelle.

Les ateliers du matériel roulant d'Hellemmes à leur regretté Chef.

Le personnel des ateliers du matériel roulant d'Amiens.

Les ateliers du matériel roulant de Tergnier.

Les visiteurs de Creil, à M. Delebecque.

Le personnel de la gare de Paris. — Visiteurs.

L'atelier des voitures de Lens à M. Ed. Delebecque.

Service des approvisionnements et du magasin général à M. Ed. Delebecque.

Le Conseil d'administration des mines de Liévin, à son regretté Président.

Les employés et les ouvriers des mines de Liévin, à M. Ed. Delebecque.

Service du Matériel et de la Traction de la Cie d'Orléans.

www.ingramcontent.com/pod-product-compliance
Ingram Content Group UK Ltd.
Pitfield, Milton Keynes, MK11 3LW, UK
UKHW021956260726
13994UKWH00004B/1778